BEI GRIN MACHT SICH IHR WISSEN BEZAHLT

- Wir veröffentlichen Ihre Hausarbeit,
  Bachelor- und Masterarbeit

- Ihr eigenes eBook und Buch -
  weltweit in allen wichtigen Shops

- Verdienen Sie an jedem Verkauf

Jetzt bei www.GRIN.com hochladen
und kostenlos publizieren

Bibliografische Information der Deutschen Nationalbibliothek:

Die Deutsche Bibliothek verzeichnet diese Publikation in der Deutschen National-
bibliografie; detaillierte bibliografische Daten sind im Internet über http://dnb.d-
nb.de/ abrufbar.

Impressum:

Copyright © 2017 GRIN Verlag, Open Publishing GmbH
Druck und Bindung: Books on Demand GmbH, Norderstedt Germany
ISBN: 9783668529281

Dieses Buch bei GRIN:

http://www.grin.com/de/e-book/375969/fitnessoekonomie-preismanagement-stra-
tegische-analysemethoden-und-digitalisierung

Paolo Keßler

Fitnessökonomie. Preismanagement, strategische Analysemethoden und Digitalisierung in der Fitnessbranche

GRIN Verlag

GRIN - Your knowledge has value

Der GRIN Verlag publiziert seit 1998 wissenschaftliche Arbeiten von Studenten, Hochschullehrern und anderen Akademikern als eBook und gedrucktes Buch. Die Verlagswebsite www.grin.com ist die ideale Plattform zur Veröffentlichung von Hausarbeiten, Abschlussarbeiten, wissenschaftlichen Aufsätzen, Dissertationen und Fachbüchern.

Besuchen Sie uns im Internet:

http://www.grin.com/

http://www.facebook.com/grincom

http://www.twitter.com/grin_com

Deutsche Hochschule für

Prävention und Gesundheitsmanagement

Hermann Neuberger Sportschule 3

66123 Saarbrücken

Einsendeaufgabe

Fachmodul: Marketing II

Studiengang: BFÖ

Name, Vorname: Keßler, Paolo

Inhaltsverzeichnis

2

1 Preismanagement und Kooperation

In den folgenden Abschnitten geht es um die Preiselastizität der Nachfrage und die Preisbildung.

1.1 Preiselastizität der Nachfrage

In den nachfolgenden Tabellen geht es um die Preiselastizität der Nachfrage bei einer Preiserhöhung eines monatlichen Mitgliedsbeitrages.

Tabelle 1: Formel der Preiselastizität der Nachfrage

$$(\varepsilon) = \frac{\ddot{A}nderung\ der\ Menge\ in\ \%}{\ddot{A}nderung\ des\ Preises\ in\ \%}$$

Um weiter fortfahren zu können, brauchen wir zunächst die Werte für „Änderung der Menge in %" und „Änderung des Preises in %". In Tabelle 2 werden diese Werte mit dem Lösungsweg ausgerechnet.

Tabelle 2: Rechenweg für "Änderung der Menge in %" und "Änderung des Preises in %"

Änderung der Menge in %	Änderung des Preises in %
$\Delta\ Menge = \dfrac{N(neu) - N(alt)}{N\ (alt)}$	$\Delta\ Preis = \dfrac{P(neu) - P(alt)}{P(alt)}$
$\begin{aligned}\Delta\ Menge \\ = \dfrac{2300\ Mitglieder - 2600\ Mitglieder}{2600\ Mitglieder}\end{aligned}$	$\Delta\ Preis = \dfrac{39,90\ € - 34,90\ €}{34,90\ €}$
$\Delta\ Menge = -0,11538 = -11,54\ \%$	$\Delta\ Preis = 0,14326 = 14,33\ \%$

Nachdem wir jetzt die Werte für „Änderung der Menge in %" und „Änderung des Preises in %" haben, können wir sie in die Formel der Preiselastizität der Nachfrage eintragen (siehe Tabelle 3).

4

Tabelle 3: Preiselastizität der Nachfrage bei einer Mitgliedsbeitragserhöhung der X&Y Health GmbH

$$(\varepsilon) = \frac{\ddot{A}nderung\ der\ Menge\ in\ \%}{\ddot{A}nderung\ des\ Preises\ in\ \%}$$

$$(\varepsilon) = \frac{-11,54\ \%}{14,33\ \%}$$

$$(\varepsilon) = -0,81$$

Das Ergebnis der Preiselastizität der Nachfrage ist – 0,81, somit ist die Nachfrage unelastisch($|$ – 0,81$|$ < 1). Die Implikation auf Basis des Ergebnisses ist, dass eine Mitgliedspreiserhöhung sinnvoll ist, da es nur zu einer relativ geringen Änderung der Nachfrage führt.

1.2 Preisbildung

In den nachfolgenden drei Abschnitten geht es um die Preisbildung.

1.2.1 Anlässe der Preisbildung

Der Anlass zur Preisbildung der X&Y Health GmbH ist eine Kostenveränderung, da sich interne Kostenstrukturen ändern und somit dann auch der Preis (Meffert, Burmann et. al., 2015, S. 487-488). Durch den Gedanken weitere Anlagen auf dem deutschen Fitness- und Gesundheitsmarkt zu etablieren, werden vermehrt Kosten entstehen. So erhöhen sich z. B. die Personalkosten, die Marketingkosten und die Mietkosten (je nach Lage der Studios). Somit kann sich der Preis, in diesem Fall der Mitgliedspreis, erhöhen. Hier könnte die Marktdurchdringung nach der Ansoff-Matrix als Produkt- und Leistungsstrategie angewendet werden, da die X&Y Health GmbH ein Fitnesswachstum antreiben möchte, welches sie mit vorhandenen Produkten auf gegenwärtigen Märkten erzielen möchte (Nieschlag et al., 2002, S.900).

Nach Weis (2012, S.160) bieten sich folgende Vorgehensweisen dafür an:

- Verwendung bei bisherigen Abnehmer steigern
- Neue Verwendungsmöglichkeiten erschließen
- Bisherige Nicht-Verwender gewinnen (gleiche Merkmale wie aktuelle Kunden)
- Kunden von Konkurrenzen gewinnen
- Persönlichen Kauf intensivieren
- Werbung, Kommunikation und Verkaufsförderungen verstärken
- Preissenkungen (wobei sich diese Vorgehensweise nicht bei unserem Beispiel etablieren wird)

1.2.2 Kostenorientierte Preisbildung

In den nachfolgenden Tabellen geht es um die kostenorientierte Preisbildung eines monatlichen Mitgliedsbeitrages (brutto) auf Basis des Zuschlagverfahrens.

Tabelle 4: Parameter zur Berechnung des monatlichen Mitgliedsbeitrags

Variable Kosten	10,5 € pro Monat
Fixe Kosten	950.000 € pro Jahr
Erwarteter Absatz	2.700 Mitglieder

Bevor wir mit der Rechnung beginnen müssen wir zunächst die fixen Kosten von „pro Jahr" auf „pro Monat" umrechnen, zu sehen in Tabelle 5.

Tabelle 5: Umrechnung der Fixkosten von pro Jahr auf pro Monat

$$\frac{950.000\,€}{12} = 79.166,67\,€$$

Nachdem wir die Umrechnung vollzogen haben, können wir mit der kostenorientierten Preisbildung beginnen, welche in der nachfolgenden Tabelle dargestellt wird.

Tabelle 6: Kostenorientierte Preisbildung eines Mitgliedsbeitrag pro Monat

$$Mitgliedsbeitrag = K_v + \frac{K_f}{Menge}$$
$$Mitgliedsbeitrag = 10,5 \text{ €} + \frac{79.166,67 \text{ €}}{2.700 \, Mitglieder}$$
$$Mitgliedsbeitrag = 39,82 \text{ €}/Monat$$

Weiterhin setzt die X&Y Health GmbH einen Gewinnzuschlag von 25 % an, um den endgültigen Brutto-Mitgliedsbeitrag (pro Monat) zu berechnen. Die Rechnung zum endgültigen Brutto-Mitgliedspreis wird in Tabelle 7 dargestellt.

Tabelle 7: Endgültige Berechnung des Brutto-Mitgliedsbeitrag (pro Monat) mit dem Gewinnzuschlag

$$Preis \, (+Gewinnaufschlag) = 39,82\text{€}/Monat \times 1,25$$
$$Preis \, (+Gewinnaufschlag) = 49,78 \text{ €}/Monat$$
$$Preis \, (Brutto) = 49,78 \text{ €}/Monat \times 1,19$$
$$Preis \, (Brutto) = 59,24 \text{ €}/Monat$$

Der Brutto-Mitgliedsbeitrag nach der kostenorientierten Preisbildung beträgt 59,24 €/Monat.

1.2.3 Konkurrenzorientierte Preisbildung

Bei einer konkurrenzorientierten Preisbildung wird der festzulegende Preis an der Konkurrenz ausgerichtet, unabhängig von der unternehmensindividuellen Kosten- oder Nachfragesituation (Weis, 2012, S. 388). Es werden zwei Formen der konkurrenzorientierten Preisbildung unterschieden, einmal die Preisbildung durch Orientierung an Marktpreisen und die Preisbildung in öffentlichen Ausschreibungen (Schlaffke & Plünnecke, 2017a, S182-183). In unserem Beispiel entsteht bei der X&Y Health GmbH eine Preisbildung durch Orientierung am Marktpreis. Von einer Preissenkung wäre hier abzuraten, da sich die X&Y Health GmbH durch ein hohes Maß an Service- und Dienstleistung im Fitness- und Gesundheitsmarkt positioniert hat. Würde man den Preis senken, müsste man vermutlich am Personal sparen um weiterhin wirtschaftlich zu arbeiten und dies würde dann dem Service und den Dienstleistungen zu Ungunsten kommen. Ein weiterer Faktor, weswegen man keine Preissenkung tätigen sollte wäre, dass die X&Y Health GmbH damit einen Verlust vom Image seitens der ursprünglichen Zielgruppe generieren würde (Schlaffke & Plünnecke, 2017a, S. 185).

7

2 Strategische Analysemethode

In den nachfolgenden drei Unterpunkten geht es um das Five-Forces-Modell nach Porter, eine Durchführung einer SWOT-Analyse und eine Erstellung einer SWOT-Matrix.

2.1 Five-Forces-Modell nach Porter

In der nachfolgenden Tabelle geht es um eine Analyse mit dem Five-Forces-Modell nach Porter für die X&Y Health GmbH über den Marktführer ihrer Positionierungssegment Fitness First Germany GmbH.

Tabelle 8: Wettbewerbskräfte von der Fitness First Germany GmbH nach Porter

Wettbewerbskräfte	Beschreibung/Erläuterung
Mitbewerber-Rivalität	Die Mitbewerber-Rivalität steigt heutzutage drastisch an, da von Jahr zu Jahr immer mehr Fitnessanlagen in Deutschland aufmachen. Somit ist die Wettbewerbsdichte sehr hoch und ein Branchenwachstum nur noch langsam möglich. Eine hohe Wettbewerbsdichte hat zur Folge, dass der Wettbewerbsdruck immer größer wird und somit der Preis eine relevante Komponente ist. So kann es sein, dass sich die Mitbewerber immer wieder versuchen mit dem Preis zu unterbieten, was zur Folge hat, dass der Gewinn eines Unternehmens sinkt. Dies wäre zum Beispiel der Fall, wenn die Holmes Place Health Clubs GmbH ihren Mitgliedspreis senken würde und somit günstiger als die Fitness First Germany GmbH wären. Da beide Unternehmen ungefähr die gleichen Angebote haben, gäbe es eine erhöhte Gefahr, dass viele Kunden bei der Fitness First GmbH kündigen und wechseln.
Potenzielle Mitbewerber	Durch neue potenzielle Mitbewerber erhöht sich das Angebotsvolumen auf dem Markt. Dies kann für die Fitness First Germany GmbH eine Bedrohung sein, da man eventuell den eigenen Preis senken muss, um zu verhindern, dass die eigenen Kunden kündigen und wechseln. Für dieses Beispiel sei die High 5 Sports GmbH von der McFit Global Group GmbH erwähnt, welches ähnliche Angebote aufweist, wie die Fitness First Germany GmbH (Functional Trainingsbereiche samt Functional-Kurse, Personal Trainings, neuste Fitnessgeräte usw.) und diese zu einem weitaus günstigeren Preis anbietet.
Zulieferer	Wenn der Zulieferer einen hohen Stellenwert in einem Unternehmen hat, so hat er zugleich auch eine hohe Verhandlungsstärke. Wenn z. B. Reebok seine Preise erhöht, so kann es sein, dass auch die Fitness First Germany GmbH die Preise von den Reebok Artikeln in ihrem Shop erhöhen wird, anstatt sich einen anderen Anbieter zu suchen. Da man davon ausgehen kann, dass sich viele Kunden schon an den Stil der Reebokartikel gewöhnt haben und diesen nicht mehr missen wollen.
Ersatzprodukte	Ein Ersatzprodukt stellt immer eine Bedrohung für das Unternehmen dar. Im Falle der Fitness First Germany GmbH wären das die Online-Kurse oder die Fitnessapps. Hierbei kann der Kunde sein Training von zu Hause aus durchführen, ohne in ein Fitnessstudio gehen zu müssen. Somit kann ein weiteres Wachstum der Online-Programme und Fitnessapps eine größere Fluktuation der Kunden der Fitness First Germany GmbH nach sich ziehen.
Kunden	Die Verhandlungsstärke der Kunden im Fitness- und Gesundheitsmarkt ist sehr stark, da ihr Informationsstand sehr groß ist dank dem Internet. Bei der Fitness First Germany GmbH kann man alle Preise im Internet einsehen, sodass der preissensible Kunde stets die Möglichkeit den Preis mit allen umliegenden Fitnessstudios zu vergleichen. Der Kunde kann von vornherein abwägen, welches Fitnessstudio zu welchem Preis ihm am besten gefällt.

2.2 Durchführung einer SWOT-Analyse

In der nachfolgenden Tabelle wird die SWOT-Analyse für die Fitness First Germany GmbH durchgeführt.

Tabelle 9: SWOT-Analyse der Fitness First Germany GmbH

Stärken	
Großer Marktanteil	Mit 83 Anlagen und 269 000 Mitgliedern ist Fitness First auf dem 4. Platz der Top 10 Fitnessstudios in Deutschland und somit einer der Marktführer (Deloitte, 2017; DSSV, 2016).
Fortbildung der Mitarbeiter	Es wird den ca. 4 300 Mitarbeitern eine kontinuierliche Fortbildung angeboten (Fitness Germany GmbH, 2017).
Angebot	Mit 81,5 Punkten bekam die Fitness First GmbH das Qualitätsurteil Sehr gut in der Teilkategorie Trainingsbedingungen/Angebot (Deutsches Institut für Service –Qualität, 2016).
Schwächen	
Arbeitsklima	Der Umgang mit dem Personal seitens der Vorgesetzten soll dem eines Foltergefängnisses geglichen haben. Mitarbeiter sollen geschlagen und Erniedrigungen erleidet haben (Greive, 2012).
Image	Eine Reihe von Betrugsversuchen schädigte das Image von der Fitness First GmbH bei Kooperationspartnern. Es wurde versucht mit Ausweisen von den Kooperationspartnern (RAG, und BKK) vergünstigte Verträge zu generieren, welche ganz oder teils vom Kooperationspartner gezahlt wurden, um die Zielerreichung zu erfüllen und den Umsatz zu steigern (Greive, 2012).
Management	Mitgliedsbeiträge von Kunden mit Sonderverträgen wurden zu kurzfristig erhöht, was zu Protest führte. Bei normalen Kunden wurde ebenfalls ein zu hoher Mitgliedsbeitrag abgebucht, weil das Management eine Fehlinformation an die Banken gegeben hat (Schultz, 2013).
Chancen	
Wachstum der Mitglieder	Die Anzahl der Mitglieder der Fitnessstudios wächst weiterhin stetig an. Derzeit liegt sie schon bei 10,08 Millionen (DSSV, Deloitte, 2017).
Technisierung/Digitalisierung	Von der Digitalisierung/Technisierung profitieren die Fitnessstudios, da sie Arbeitsprozesse vereinfachen, wie z. B. ein papierloses Studio, die Chipkartensteuerung für individuelle Körpermaße und Trainingsziele beim Zirkeltraining oder elektronische Widerstände statt Gewichte (DSSV, 2016).
Präventionskurse nach § 20 SGB V	Die Ausgabenrichtwerte der Krankenkassen im Bereich Prävention haben sich im Rahmen des neuen Präventionsgesetzes mehr als verdoppelt. Zertifizierte Präventionskurse von der Zentralen Prüfstelle Prävention (ZPP) fallen unter dieses Gesetz, worin die Krankenkassen bis zu 80 % der Kosten für den Kunden übernehmen (DSSV, 2016).
Risiken	
Schäden durch Mitarbeiter	Das Mitarbeiter Fehler machen ist unabdingbar, allerdings können diese Fehler oftmals große Auswirkungen haben, z. B. wenn ein Bachelor eine Sauna im Club durch Unwissenheit in Brand steckt (Kerstan, 2017).
Volders und Contractix	Die Firmen Volders und Contractix sind getarnte Kündigungsportale bzw. Abwerbungsportale, welche sich auf Homepages in der Fitnessbranche platziert haben. Diese versenden dann eine standardisierte Kündigung an das Unternehmen, welches sie vorher bewerten sollten (Kerstan, 2017).
Teststudio von Aldi	Aldi eröffnet sein erstes Teststudio und wird somit in den Fitness- und Gesundheitsmarkt mit einsteigen (Kerstan, 2017). Dies kann für eine Fluktuationswelle führen, da sich neue Angebote für die Kunden eröffnen können.

2.3 Erstellung einer SWOT-Matrix

In der nachfolgenden Tabelle wird eine SWOT-Matrix für die Fitness First Germany GmbH anhand der vorherigen SWOT-Analyse dargestellt.

Tabelle 10: SWOT-Matrix der Fitness First Germany GmbH

	Chancen	Risiken
	- Wachsende Steigerungsrate der Mitglieder in Fitnessstudios - Technisierung/Digitalisierung der Fitnessbranche - Präventionskurse nach § 20 SGB V	- Stetige Schäden durch Mitarbeiter - Kündigung/Abwerbung durch Volders und Contractix - Aldi eröffnet ein Fitnessstudio
Stärken	**SO- Strategien**	**ST-Strategien**
- Hohe Anlagen- und Mitgliederanzahl - Kontinuierliche Fortbildung der Mitarbeiter - Hohes Angebot	- Fortbildungen für die Präventionskurse nach § 20 SGB V der Mitarbeiter anbieten, um mehr zu erwirtschaften - Einführung von EMS-Training, um das Angebotsportfolio zu erweitern	- Hohes Angebotsportfolio nutzen um Markenidentität und Käuferloyalität beim Konsumenten aufzubauen, um ihn vom Wechsel zu günstigeren Anbietern abzuhalten - Fortbildungen für Mitarbeiter anbieten, um qualifiziertes Personal sicherzustellen und die Fehlerquote gering zu halten
Schwächen	**WO-Strategien**	**WT-Strategien**
- Schlechtes Arbeitsklima - Schlechtes Image bei Kooperationspartner - Chaotisches Management	- Einführung von digitalen Sicherheitsprogrammen, um Betrugsfälle bei Kooperationspartnern schnell aufzudecken oder zu verhindern. Somit würde das Image seitens der Kooperationspartner nicht geschädigt werden. - Maßnahmen zur Verbesserung des Managements (z. B. Einführung klarer Richtlinien, wie man bei Preiserhöhungen vorgeht)	- Mehr Mitarbeiter-Events machen, damit das Arbeitsklima besser wird und sich die Mitarbeiter Stück für Stück mehr mit dem Unternehmen identifizieren, um ihn absichtliche Schädigungen zu vermeiden - Das Image bei den Kooperationspartnern aufwerten mit klarer Kommunikation über die Verträge, damit diese nicht unter Umständen abspringen und mit dem Studio (oder den Studios, falls sich das Teststudio bewährt) von Aldi eine Kooperation anfangen wollen

3   Corporate Identity

3.1 Interview-Analyse

In den folgenden Unterpunkten geht es um die Beantwortung von Fragen über das Interview mit Werner Kieser.

3.1.1   Woran kann man bei Kieser Training von außen klar erkennen, dass eine Überarbeitung der Corporate Identity gegeben hat? Nennen Sie sechs Anzeichen.

In der folgenden Aufzählung, geht es um die sechs Anzeichen, woran man erkennen kann, dass es eine Überarbeitung der Corporate Identity gegeben hat.

1. Einführung von neuem Print on Demand-System bei Franchise-Nehmer
2. Änderung der Farben im Logo
3. Änderung des Slogan
4. Änderung des Konzepts – kurzzeitiger Einbau von Sauna und Bar, doch wurden diese wieder entfernt, da die Leute nicht mehr trainierten
5. Änderung der Zielgruppe – von Athleten und alten Menschen zu 30 bis 50 Jährigen
6. Einführung von Werbung

3.1.2   Überlegen Sie, welche Gründe es allgemein für eine neue Ausrichtung der Corporate Identity geben könnte und welche für Kieser Training zutreffen. Beschränken Sie sich dabei auf vier Gründe und analysieren Sie im Detail warum gerade diese für Kieser Training zutreffend sind.

In der folgenden Aufzählung, geht es um vier Gründe wieso Kieser Training eine neue Ausrichtung der Corporate Identity getätigt hat.

1. Assoziation der Logofarben mit anderen Fitnessstudios:
   Nach Becker (2013, S. 639) soll durch das Corporate Design ein unverwechselbares und einprägsames Bild des Unternehmens entstehen, das die Identifikation und Wiedererkennung ermöglicht. Unter das Corporate Design fällt auch die Unternehmensfarbe. Somit hat Kieser Training seine Unternehmens-

11

farbe gewechselt, um nicht mit dem qualitätsärmeren Discount-Fitnessstudio McFit verwechselt werden zu können, welches ebenfalls Gelb und Grau als Unternehmensfarbe haben.

2. Veränderung der Positionierung und der dazugehörigen Zielgruppe:

Nach Griese & Böring (2011, S.130) ist eine Positionierung eine klare und einzigartige Profilierung der angebotenen Leistung in der Vorstellung der Zielgruppe im Vergleich zu Konkurrenzangeboten. So muss ein Unternehmen sich immer so positionieren, dass es das perfekte Angebot für seine derzeitige Zielgruppe hat, da sich diese im Laufe der Zeit auch ändern kann. In den Anfängen von Kieser Training gab es vor allem Athleten im Studio. Nach und nach kamen ältere Leute dazu und Werner Kieser sah die Notwendigkeit, sie nicht einfach ihrem Training zu überlassen. Somit hat sich bei Kieser Training die Positionierung und Zielgruppe geändert, von Athleten, älteren Leuten und einfachem Training hin zu 30-50 Jährigen und medizinisch fundierten Training mit dem Schwerpunkt Rücken.

3. Beseitigung des Images „Zu Kieser geht man nur, wenn man alt und krank ist":

Wenn ein Unternehmen mal ein schlechtes Image hat, ist es schwer dieses wieder zu ändern. Ein Beispiel dafür war damals Shell mit der Ölplattform „Brent Spa", welche sie im Meer entsorgen wollten. Nachdem eine Lösung gefunden worden ist, die alle Parteien für gut befanden, musste Shell das verlorengegangene Vertrauen der Öffentlichkeit mittels umfangreich investierter PR-Kampagnen wieder herstellen (Becker, 2013, S.604). Ähnlich ist es bei Kieser Training, auch hier muss man das Image anhand von Werbemaßnahmen loswerden. So kam es dazu, dass der Slogan zu „Ja zu einem starken Körper" geändert wurde, um den eigentliche Kundennutzen (kräftiger Körper, starker Rücken, schönes Leben) zu erreichen.

4. Auf neue Medien setzen:

Ein Unternehmen muss um im Wettbewerb zu bestehen, absatzfördernde Kommunikation an seine gegenwärtigen und potenziellen Kunden richten (Dunker, 2006, S.139). Folglich war es auch ein notwendiger Schritt für Kieser Training, auf Werbung zu setzen, anstatt nur über Mund-zu-Mund-Propaganda seine Kunden zu generieren. Denn so konnte Kieser Training beobachten, wie viele Kunden oder potenzielle Kunden sie dadurch erreichen konnten.

3.1.3   Recherchieren Sie vier weitere Unternehmen bzw. Marken, die eine derartige Veränderung vorgenommen haben und beschreiben Sie diese Veränderungen anhand von belegten Informationen. Gehen Sie dabei auch auf die Beweggründe ein, warum die Veränderung vorgenommen wurde.

1. McDonald's:

    Die Corporate Identity von McDonald's Deutschland LLC wurde in vielerlei Hinsicht geändert. So kam es zu den Innovationen vom Lieferservice, von der Bestellung via Terminal samt Tischbedienung und die Einführung des neuen Bestellsystems, welches Sonderwünsche erfasst (z. B. keine Zwiebeln, dafür Gurken auf den Burger). Mit diesen Innovationen soll die Qualität der Marke erneuert werden (Frehse, 2015). Die Beweggründe sind auf die aktuellen Marktgeschehnisse zurückzuführen, mit denen McDonald's Deutschland LLC zu kämpfen hat. Diese Marktgeschehnisse wären z. B. eine neue Wettbewerbssituation, durch kleinere Anbieter mit ausgefalleneren Kreationen oder das veränderte Konsumverhalten der Kunden, welche mehr Wert auf regionale Zutaten legen als auf Massenware.

2. Bahlsen:

    Bei der Bahlsen GmbH und Co. KG hat sich die Corporate Identity bzw. das Corporate Design anhand des Logos im Jahre 2015 verändert. Somit besteht das Logo des Unternehmens nur noch aus dem Bahlsen-Schriftzug, ohne weitere schmückende Elemente in Weiß auf einem blauen Hintergrund oder invertiert. Die Veränderung wird damit begründet, dass sich mit der Zeit die Anforderungen an ein Unternehmens-Erscheinungsbild, welches international in über 55 Ländern auf der Welt funktionieren muss, verändern. Deswegen und weil die Bahlsen GmbH und Co KG eine bewusste Trennung von Unternehmens- und Produktmarke haben wollte, kam es zum neuen Corporate Design (Arndtteunissen GmbH, o. J.)

3. Jägermeister:

Jägermeister bzw. Mast-Jägermeister SE hat schon mehrere Veränderungen hinter sich. Mit dem Slogan „Achtung Wild" hatte sich die Marke überraschend erfolgreich in die Herzen der jungen Party People platziert. Dieser Slogan wurde jetzt zu „Echt. Jägermeister" geändert. Grund dafür ist, dass jede Generation erwachsen wird und ihren Marken treu bleiben möchte (Realgestalt GmbH, o. J.). So versucht Jägermeister auch zukünftig ihre Zielgruppe zu halten, welche sie damals durch den alten Slogan gewonnen hat.

4. Commerzbank:

Ähnlich wie bei Mast-Jägermeister SE hat auch die Commerzbank AG ihre Corporate Communication verändert. Hier ging man von Markenversprechen „Gemeinsam mehr erreichen" zu den Claim „Die Bank an ihrer Seite". Damit verdeutlicht die Commerzbank AG ihre Ausrichtung als faire und kompetente Bank, die sich strikt an den Bedürfnissen ihrer Kunden orientiert (Commerzbank AG, 2013).

3.2 Marktstrategien

3.2.1 Stellen Sie dar, welche Marktbearbeitungsstrategie und welche Wettbewerbsstrategie Kieser Training verfolgt. Begründen Sie Ihre Antworten.

Die Marktbearbeitungsstrategie von Kieser Training ist die selektive Spezialisierung in Form eines differenzierten Marketings, da mehrere Segmente bearbeitete werden (Kotler & Bliemel, 2006, S. 453 ff.). So bearbeitete Kieser Training z. B. das Rückentraining und das Beckenbodentraining. Damit sprichten sie sowohl die Zielgruppe mit Rückenbeschwerden als auch die Zielgruppe für Beckenbodenprobleme (meist Frauen, aber auch Männer) an.

Die Wettbewerbsstrategie von Kieser Training ist die Differenzierungsstrategie. Hier versucht ein Unternehmen, seine eigene Leistung einzigartig für eine Branche/Segment zu gestalten und darüber einen vergleichsweise höheren Preis zu erzielen (Weis, 2012, S.153). Diese Differenzierung bzw. Führungsstellung kann man erreichen über Qualität, Service, Produktstyling oder Technologie (Kotler & Biemel, 2006, S.139). So setzt sich Kieser Training mit ihren speziellen Maschinen und dem medizinisch fundiertem Trainingskonzept von seinen Mitbewerbern ab.

3.2.2 Nennen Sie Mindestens zwei Strategien, auf der Basis der Produkt-Markt-Matrix nach Ansoff, die Kieser Training anwendet? Begründen Sie Ihre Auswahl kurz.

Die erste Strategie nach der Produkt-Markt-Matrix nach Ansoff, welche Kieser Training verfolgt, ist die Marktdurchdringung. Hier will das Unternehmen mit einem vorhandenen Produkt auf gegenwärtigen Märkten eine Vergrößerung des Marktanteiles und eine Ausweitung des Marktvolums erzielen (Nieschlag et al. 2002, S. 900). Dies hat Kieser Training z. B. anhand der Veränderung ihrer Corporate Identity, insbesondere der Corporate Communication, geschafft und somit nach der Vorgehensweise von Weis (2012, S. 160) die bisherigen Nicht-Verwender gewonnen.

Die zweite Strategie ist die Produktentwicklung. Hier ist es wichtig, dass die neuen Produkte als unterschiedlich, einzigartig, anders und käuferspezifisch wahrgenommen werden (Weis, 2012, S. 161). Dies hat Kieser Training durch neu entwickelte Trainingsmaschinen für die Beckenbodenmuskulatur und das Sprunggelenk geschafft.

4 Digitalisierung in der Fitness- und Gesundheitsbranche

In der nachfolgenden Tabelle geht es um fünf konkrete Möglichkeiten bzw. Trends, welche durch die Digitalisierung die eigenen Anlagen vorantreiben können.

Tabelle 11: Fünf Möglichkeiten bzw. Trends durch die Digitalisierung für die eigenen Anlagen

Möglichkeiten/Trends	Beschreibung
1. Online-Marketing	Unter dem Begriff Online-Marketing versteht Kreutzer (2014, S.4) "die Planung, Organisation, Durchführung und Kontroller aller marktorientierten Aktivitäten, die sich mobiler und/oder stationärer Endgeräte mit Internet-Zugang zur Erreichung von Marketing-Zielen bedienen". Um sowohl digitalisierte, als auch nicht-digitalisierte Dienstleistungen und Produkte zu präsentieren und zu vermarkten, nutzt das Online-Marketing unterschiedliche Online-Instrumente. Diese Online-Marketing-Instrumente sind z. B. die Corporate Website, die Online-Werbung, das Affiliate-Marketing, das Suchmaschinenmarketing, das E-Mail Marketing, das Social Media Marketing, das Mobile Marketing und das Crossmedia Marketing (Schlaffke & Plünnecke 2017b, S.125). So kann sich das Marketing vom Unternehmen auf aktuellen Plattformen, die sich im Trend befinden, fokussieren. Solche Plattformen sind z. B. Facebook, Twitter und Instagram. Auf diesen Plattformen könnte man durch kontinuierliche Beiträge, rund um das Thema Fitness, viele potenzielle Neukunden generieren und seinen Bekanntheitsgrad erhöhen.
2. Qualitätssteigerung durch digitale Datenerfassung	Mit einem CRM-System behält man stets einen guten Überblick im Unternehmen und schafft mit schnell verfügbaren Informationen eine solide Basis für eine individuelle Kundenansprache. Man weiß dann z. B. wann der Kunde das letzte Mal vor Ort war, welche Sonderwünsche er hat oder welche Geschmacksrichtung er bevorzugt bei seinem Eiweißshake nach dem Training. Somit sind alle relevanten Daten schnell zur Hand, sobald der Kunde das Studio betreten hat und strahlt somit eine höhere Professionalität aus, die vom Kunden als besondere Wertschätzung wahrgenommen wird (Henn, 2017). So kann man im Unternehmen schon direkt bei dem Beratungsgespräch alle relevanten Informationen vom potenziellen Kunden direkt abspeichern und später weiter verarbeiten, um so die Qualität der Zufriedenheit vom Kunden ab dem ersten Tag zu steigern.
3. Digitale Trainingssteuerung	Mit einem CRM-System lassen sich auch trainingsspezifische Daten erfassen. So kann man festhalten, wie sich der Trainingsstatus entwickelt hat oder welche körperlichen Beschwerden ein Kunde hat. Ein Vergleich der Daten und Bilder nach einem halben Jahr im Vergleich zum Status bei der Anmeldung kann ein sehr effizientes Instrument sein, um den Kunden zu motivieren und zufrieden zu stellen. Dies erhöht wiederum die Wahrscheinlichkeit, dass er weitere Angebote nutzt und sich langfristig am jeweiligen Fitnessanbieter bindet (Henn, 2017). So könnte man die Trainingssteuerung im Unternehmen mithilfe des CRM-Systems und einer App (z. B. medo check) optimieren, welche alle trainingsspezifischen Parameter der Kunden abspeichert und auf das mobile Endgerät vom Trainer schickt, um sie dort auszuwerten, zu bearbeiten und dem Kunden wieder zurückzusenden.
4. Qualitätssteigerung durch digitales Kundenfeedback	Die normale Herangehensweise um Feedback einzuholen, wären die Feedbackbögen oder eine mündliche Erfragung nach der Rückmeldung der Kunden. Eine Methode um mehr Gehalt und Detaildichte an Informationen zu generieren wäre, das Feedback über digitale Instrumente (E-Mails, SMS, digitale Plattformen, Terminals) einzuholen. Dies wäre dann eine vernünftige Grundlage, um die Qualität der eigenen Dienstleistung signifikant zu verbessern. Diese digitalen Möglichkeiten um Kundenmeinungen einzuholen, sind nicht nur effizient und bringen mehr Informationen ans Tageslicht als eine mündliche Zufriedenheitsabfrage – das eingeholte Feedback lässt sich auch weitaus tiefgreifender auswerten (Henn, 2017). So kann man mit Terminals am Ein- bzw. Ausgang des Studios, den Kunden die Möglichkeit geben, anonym ihre Zufriedenheit oder Meinung gegenüber dem Studio kund zu tun. Die Aufgabe vom Unternehmen ist dann, diese Informationen auszuarbeiten und umzusetzen, um den Kundenmeinungen gerecht zu werden.

Möglichkeiten/Trends	Beschreibung
5. Elektronisch gesteuerte Gerätezitkel	Die Vorteile von elektronisch gesteuerten Gerätezirkeln (z. B. Vitality Curcuit, eGym, highline u.v.m.) sind eine geführte Bewegungsausführung und die individuelle automatische Selbsteinstellung der Sitzhöhe, der Rückenlehne, der Wiederholungen und der Trainingsgewichte auf den jeweiligen Nutzer (Health and Beauty GmbH, 2017). So kann man für jedes Mitglied einen persönlichen Chip anfertigen, den man direkt ans Gerät steckt, welches sich dann auf den Kunden einrichtet, damit dieser an Zeit spart und an Qualität gewinnt. Dies ist für viele Kunden sinnvoll, da einige Kunden nach und nach sich Fehlerbilder im Training einholen oder nicht mehr wissen, welche Einstellung sie am Gerät (samt Trainingsgewicht) haben.

In der nachfolgenden Tabelle werden die Chancen und Risiken, die sich für den Fitnessanbieter aufgrund der Digitalisierung ergeben, dargestellt.

Tabelle 12: Chancen und Risiken der Digitalisierung für den Fitnessanbieter

Chancen	
Virtueller Coach	Das Smartphone wird von Kunden zunehmend zum Training genutzt und insbesondere zu Dokumentationszwecken benutzt. Somit wird die Trainingsplanerstellung mit dem Trainer durch den virtuellen Coach ersetzt. Der virtuelle Coach erstellt und passt die Trainingspläne auf Grundlagen der Daten in regelmäßigen Abständen an das Fitnesslevel oder die Bedürfnisse der Kunden automatisch an. So können Mitglieder effizienter und gezielter trainieren, ohne dabei einen Termin mit einem Trainer vor Ort zu vereinbaren, der meist wenig Informationen über das vorherige Trainingsverhalten hat (Hackfort, 2015). Dies spart an Zeit und Kosten von Personal und lässt sich schnell in einen Fitnessbetrieb integrieren.
Big Data bzw. Massendaten	Es werden digitale Fußabdrücke durch die Anwendung der Tools (Apps, Wearables etc.) von Nutzern hinterlassen. In Zukunft könnten Daten von privaten Workouts wie z. B. der Lauf im Park mit den Einheiten im Fitnessstudio verknüpft werden. So lassen sich über digitale Anwendungen viele Daten über das Fitnesslevel und die physische Verfassung der Nutzer generieren. Mit der richtigen Aufbereitung und Analyse können somit jede Menge wichtige Informationen gewonnen und Zusammenhänge zwischen den aufgenommenen Parametern hergestellt werden, wie z. B. die Wirksamkeit von bestimmten Trainingsmethoden oder die richtige Regenerationszeit (Hackfort, 2015). Dies bringt eine große Kundenbindung bei den Fitnessanbietern mit sich, weil sich die Kunden dort professionell in und außerhalb des Fitnessstudios betreut fühlen.
Social Media	Die sozialen Medien sind heutzutage integraler Bestandteil im Kommunikations-und Marketingmix einer Unternehmung und sollten daher im Rahmen des Marketings eine zentrale Rolle einnehmen. In den sozialen Medien spielt Sport eine wichtige Rolle, denn viele suchen (dort) nach Vorbildern und Idolen (Leo, 2017). So kann ein Fitnessanbieter mithilfe von YouTube oder Instagramm Stars eine große Reichweite an Kunden motivieren, bei sich Sport zu machen. So nutzt Clever Fit beispielsweise Alon Gabbay, einen der bekanntesten deutschen „Fitness-Youtuber", als Markenbotschaftler auf Facebook, Instagram, in Kinospots und vieles mehr.
Risiken	
Personal Training	Ein häufiger Umsatztreiber in vielen Studios, das Personal Training, könnte von digitalen Zusatzangeboten betroffen werden. Wenn der virtuelle Coach in der Lage ist neben individuellen Trainingsempfehlungen auch Rückmeldung über die Bewegungsqualität abzugeben, könnte der Personaltrainer somit ersetzt werden (Hackfort, 2015). Dies würde den Umsatz bzw. auch den Gewinn des Fitnessanbieter mit dem Schwerpunkt Personal Training schmälern.
Datenschutz-Mängel bei Wearables und Fitness-Apps	Fitness-Apps, Smartwatches und Fitness-Armbänder dokumentieren längst nicht mehr bloß die Schritte ihrer Nutzer. So werden Daten, wie etwa der Puls und der Kalorienverbrauch ihrer Träger oder wie gut und wie lange der Schlaf war, gesammelt. Sind erst einmal solche Daten zum Verhalten und der Gesundheit in der Welt, so hat man kaum noch die Möglichkeit, diese zurückrufen zu können. Liegen die Server der Anbieter dann noch im Ausland, so könnte der Datenschutzstandard geringer sein als in Deutschland. Die meisten der untersuchten Anbieter räumen sich das Recht ein, die Daten an Drittanbieter weiter zu senden, oft als Werbezwecke (Verbraucherzentrale Bundesverband, 2017). Dies könnte sich negativ auf einen Fitnessanbieter auswirken, wenn er mit einem Anbieter von Wearables (z. B. Fitbit) eine Kooperation hat. So kann es sein, dass sich viele potenzielle Kunden gar nicht erst für den jeweiligen Fitnessanbieter entscheiden, da ihnen ihre Daten wichtiger sind als das Angebot.

Risiken	
Zu große Aufklärung	Die Kaufentscheidung eines Produktes oder einer Dienstleistung hängt sehr stark mit den Funktionen vom Internet zusammen. So kam bei einer Umfrage in Deutschland zur Internet-Aktivität vor der letzten Kaufentscheidung raus, dass 48 % der Befragten online erst mal den Preis vergleichen, 22% online nach Meinungen bzw. Bewertungen schauen, 8 % online Kontakt mit dem Anbieter hergestellt hat, u.v.m. (Google, 2015). So ist es ein Risiko für einen Fitnessanbieter, dass sich potenzielle Kunden erst mal im Internet über den gesamten Fitnessmarkt und ihre Angebote, samt Preise, informieren und anhand von Online-Bewertungen schon vorher selektieren, welches Fitnessstudio zu ihnen passt. Bei solch einer Vorgehensweise kommen von vornherein schon weniger Interessenten in das Fitnessstudio des Fitnessanbieters und können somit nicht von den jeweiligen Leistungen mittels eines Beratungsgespräches überzeugt werden.

5 Literaturverzeichnis

Arndtteunissen GmbH (o. J.). *Bahlsen. Corporate Design.* Zugriff am 11.07.2017. Verfügbar unter https://www.arndtteunissen.de/corporate-design-fuer-die-bahlsen-unternehmensmarke.html

Becker, J. (2013). *Marketing-Konzeption. Grundlagen des zielstrategischen und operativen Marketing-Managements* (10. Aufl.). München: Vahlen, Franz.

Commerzbank AG. (2013). *Pressemitteilung. Commerzbank veröffentlicht Geschäftsjahr 2012.* Zugriff am 12.07.2017. Verfügbar unter https://www.commerzbank.de/de/hauptnavigation/presse/pressemitteilungen/archiv1/2013/1__quartal/presse_archiv_detail_13_01_31184.html

Deloitte. (2017). *Fitnessanbieter mit den höchsten Mitgliederzahlen in Deutschland (Stand 31. Dezember 2016).* In Statista – das Statistik Portal. Zugriff am 08.07.2017. Verfügbar unter https://de.statista.com/statistik/daten/studie/154495/umfrage/fitnessketten-in-deutschland/

Deutsches Institut für Service-Qualität. (2016). *Servicestudie Fitness Studios (15.01.2016).* Zugriff am 08.07.2017. Verfügbar unter http://disq.de/2016/20160115-Fitness-Studios.html

DSSV. (2016a). *Ausgewählte Fitnessketten in Deutschland nach Anlagenanzahl (Stand: September 2016).* In Statista – das Statistik Portal. Zugriff am 08.07.2017. Verfügbar unter https://de.statista.com/statistik/daten/studie/6793/umfrage/top-10-fitnessketten-nach-anlagenzahl/

DSSV. (2016b). *Fitness-Trends 2017.* Zugriff am 08.07.2017. Verfügbar unter https://www.dssv.de/statistik/fitness-trends-2017/

DSSV, Deloitte. (2017). *Mitgliederzahl der Fitnessstudios in Deutschland von 2003 bis 2016 (in Millionen).* In Statista – das Statistik Portal. Zugriff am 08.07.2017. Verfügbar unter https://de.statista.com/statistik/daten/studie/5966/umfrage/mitglieder-der-deutschen-fitnessclubs/

Dunker, M. (2006). *Marketing.* (2. Aufl.). Rinteln: Merkur.

Frehse, L. (2015). *Wie McDonald's sich ändern will.* Zugriff am 11.07.2017. Verfügbar unter http://www.tagesspiegel.de/wirtschaft/nach-60-jahren-image-probleme-wie-mcdonalds-sich-aendern-will/11636828.html

Google. (2015). *Auf welche Weise haben Sie das Internet vor ihrer letzten Kaufentscheidung genutzt?* In Statista – das Statistik Portal. Zugriff am 18.07.2017. Verfügbar unter https://de.statista.com/statistik/daten/studie/369046/umfrage/umfrage-in-deutschland-zu-internet-aktivitaeten-vor-der-letzten-kaufentscheidung/

Greive, M. (2012). *Szenen wie aus einem düsteren Foltergefängnis.* Zugriff am 08.07.2017. Verfügbar unter https://www.welt.de/wirtschaft/article13914621/Szenen-wie-aus-einem-duesteren-Foltergefaengnis.html

Griese, K.-M. & Böhring, S. (2011). *Marketing-Grundlagen. Eine fallstudienbasierte Einführung.* Wiesbaden: Gabler.

Hackfort, G. (2015). *Digital Fitness. Wachstumsperspektive für die Fitnessbranche.* Universität der Bundeswehr München.

Henn, A. (2017, Juli). Digitale Lösungen. Vorteile für Clubs und Kunden. *Body LIFE,* 7, S. 52-54.

Health and Beauty Germany GmbH. (2017). Training meets Technologie. *Body LIFE,* 7, S.76-78.

Fitness First Germany GmbH. (2017). *Wer wir sind.* Zugriff am 09.07.2017. Verfügbar unter https://www.fitnessfirst.de/wer-wir-sind

Kerstan, M. (2017). Risiken und Chancen für das Jahr 2017. *Fitness Management International.* 129

Kotler, P. & Bliemel, F. (2006). *Marketing-Management. Analyse, Planung und Verwirklichung* (10., überarbeitete und aktualisierte Aufl.). München: Pearson.

Kreutzer, R. T. (2014). *Praxisorientiertes Online-Marketing. Konzepte – Instrumente – Checklisten* (2. Aufl). Wiesbaden: Springer-Gabler.

Leo, M. (2017). Eine Frage der Strategie. Aktualität, Mehrwert und Relevanz sind im Social-Media-Marketing von großer Bedeutung. *Body LIFE,* 7, S. 44-46

Meffert, H., Burmann, C. & Kirchgeorg, M. (2015). *Marketing. Grundlagen marktorientierter Unternehmensfürhung Konzepte – Instrumente – Praxisbeispiele* (SpringerLink: Bücher, 12., überarb. U. aktualisierte Aufl. 2014). Wiesbaden: Springer Gabler.

Nieschlag, R., Dichtl, E. & Hörschgen, H. (2002). *Marketing* (19., überarbeitete und ergänzte Auf.). Berlin: Duncker und Humboldt.

Realgestalt GmbH (o. J.). *Deutschlands Erfolgsspirituosenmarke mit neuem Brand Design.* Zugriff am 12.07.2017. Verfügbar unter https://www.realgestalt.de/agentur-referenzen/neues-brand-design-fuer-jaegermeister/

Reinicke, N. (2015). *Wie McDonald's sich ändern will.* Zugriff am 11.07.2017. Verfügbar unter http://www.tagesspiegel.de/wirtschaft/nach-60-jahren-image-probleme-wie-mcdonalds-sich-aendern-will/11636828.html

Schlaffke, W. & Plünnecke, A. (2017a). *Studienbrief - Marketing I* (Rev.17.019.000). Saarbrücken: Deutsche Hochschule für Prävention und Gesundheitsmanagement.

Schlaffke, W. & Plünnecke, A. (2017b). *Studienbrief - Marketing II* (Rev.17.022.000). Saarbrücken: Deutsche Hochschule für Prävention und Gesundheitsmanagement.

Schultz, S. (2013). Fitness First gegen Billig-Verträge – Bauch, beine, Schmu. Zugriff am 08.07.2017. Verfügbar unter http://www.spiegel.de/wirtschaft/soziales/fitness-first-kuendigt-mitgliedern-mit-guenstigen-vertraegen-a-914926.html

Verbraucherzentrale Bundesverband (2017). *Unsportlich: Datenschutz-Mängel bei Wearables und Fitness-Apps.* Zugriff am 17.07.2017. Verfügbar unter https://www.verbraucherzentrale.de/datenschutz-bei-wearables-und-fitness-apps

Weis, H. C. (2012). *Marketing* (Kompendium der praktischen Betriebswirtschaft, 16., verbesserte und aktualisierte Auflage). Herne, Westf: NWB Verlag.

6 Tabellenverzeichnis

.